Cette pièce est déclarée à la Société des Auteurs Dramatiques. G. PELLERIN, agent général, 8, rue Hippolyte-Lebas, Paris.

Le Béguin d'Estrella

Scènes de la Vie Galante

EN UN ACTE

DE

MM. ALBERT MIRABAUD & EUGÈNE D'ARBOIS

Création à Liège, au Théâtre du Gymnase, le 5 Avril 1902

Création à Paris, au Théâtre de Ba-Ta-Clan, le 3 Mai 1902

PRIX : UN FRANC

PARIS

SOCIÉTÉ PARISIENNE D'ÉDITION

5. RUE DE SAVOIE, 5

1902

Tous droits réservés

Le Béguin d'Estrella

SCÈNES DE LA VIE GALANTE

en Un Acte

DE

MM. Albert MIRABAUD et Eugène D'ARBOIS

Personnages

	Création à Liège AU THÉATRE DU GYMNASE le 5 avril 1902	Création à Paris AU THÉATRE DE BA-TA-CLAN le 3 mai 1902
ESTRELLA, cocotte....................	Mlles NEWA CARTOUX.	Mlles NEWA CARTOUX.
CÉLESTE, bonne.....................	CHAPLOT.	CHAPLOT.
JULOT, lutteur......................	MM. DUPLAIX.	MM. DUPLAIX.
VICOMTE GAETAN DES TRIPETTES........	NOSSENT.	BARALLY.

La scène représente la chambre à coucher de la belle Estrella. Coquet ameublement — Au fond: Une alcôve fermée par de vastes rideaux. A droite 1er plan: riche toilette -- Au 2e plan: porte donnant sur la cuisine — A gauche, 1er plan: cheminée garnie, glace, pendule, candélabres, — Devant la cheminée: un canapé — Au milieu de la scène: un guéridon et 2 chaises — Au fond à droite: un petit guéridon, une bouteille et deux verres -- Fauteuil, chaises, etc... Sur la cheminée un paquet de cigarettes, un timbre, une boîte d'allumettes.

SCÈNE Ire

Le Vicomte couché, Estrella, puis Céleste.

ESTRELLA

En peignoir, sort de l'alcôve, descend vers la cheminée, avance la pendule de 3 4 d'heure puis se dirige vers la droite, 2e plan, ouvre la porte sans bruit et appelle: « à mi-voix. Céleste...? »

CÉLESTE, *répondant.*

Voilà, madame. *(Paraissant).* Madame est déjà levée?...mais il n'est pas encore 7 heures..., *(consultant l'heure à la pendule).* La demie! pas possible, il n'y a pas une minute que...

ESTRELLA, *l'interrompant.*

Tais-toi donc!

CÉLESTE

Madame a donc bien peur que monsieur manque son train.

ESTRELLA

Je te crois, ma petite... Vite, le déjeuner. J'attends quelqu'un à 10 heures et il faut que j'accompagne monsieur.

CÉLESTE

Monsieur est réveillé?

ESTRELLA

Non, mais je m'en charge. Vite sers nous le chocolat et ne dis pas que la pendule avance.

CÉLESTE

Non, madame. Avec moi, y a pas d'erreur.

(Elle sort).

ESTRELLA, *seule.*

(Assise devant sa toilette). Quel être bizarre que la femme! Quel abîme insondable est notre cœur! Moi, Estrella, surnommée cœur de marbre, moi qu'aucun homme n'a jamais sû faire vibrer, j'ai un béguin, mais un béguin fou pour Julot, le célèbre champion, qui a tombé tous ses concurrents, au dernier concours de luttes du Casino! J'ai bien essayé de résister, de me faire une raison... peines perdues, la main me démangeait.. et quand la

---

Tous les mots soulignés n'ont pas été visés par la censure.

Mise en scène de M. Carion.

main me démange... Comment faire? Le vicomte ne me quitte pas d'une longueur de traîne... Enfin, j'ai réussi hier soir à lui faire parvenir une carte avec ces simples mots tracés au crayon d'une main tremblante : « Je vous attends demain chez moi, à 10 heures. Ta bouche et ton maillot. Estrella ».

A cette heure-là, le vicomte sera certainement rentré à Saint-Denis, sa femme et sa fille devant être de retour des bains de mer dans la matinée... (*S'exaltant*) Oh! cette pendule m'agace... il me semble qu'elle marche moins vite que d'habitude.. elle retarde sûrement... pourtant je l'ai avancée tantôt de 3/4 d'heure ... Je suis d'une impatience... Il est si beau ce Julot... bientôt, je pourrai dire *mon Julot*. Quels muscles! quelle prestance, quel torse! quel... quel homme!

CÉLESTE, *apportant le chocolat*.

Voilà le chocolat de monsieur et de madame.

ESTRELLA

C'est bien : pose le tout sur le guéridon. (*Un temps*). Céleste...

CÉLESTE

Madame?

ESTRELLA

Tu n'as jamais eu de béguin?

CÉLESTE

Si, madame, comme tout le monde... Quand j'étais petite.

ESTRELLA

Es-tu sotte! Je ne te parle pas de ça... Je veux dire tu n'as jamais aimé un homme à en perdre la tête.

CÉLESTE

J'ai jamais aimé au point de perdre ce que vous dites là : mais pourtant je dois avouer à madame, qu'il y avait un gars au pays... Oh! là! là! malheur, quand il vous prenait dans ses bras on aurait dit, qu'on allait tout droit au ciel!

ESTRELLA

Il n'était pas si bien que mon Beaupoil.

CÉLESTE

Ah! ma foi pour ce qui est de celui-là, je ne pourrais pas renseigner madame.

ESTRELLA

Laisse moi. Tiens, emporte les effets du vicomte.

CÉLESTE

Oui, madame.

(*Elle sort*).

SCÈNE II

Le Vicomte, couché, Estrella.

ESTRELLA, *écartant les rideaux du lit*.

Et maintenant réveillons mon éclaireur (*Le considérant, avec mépris*). Regardez-moi cette poire ! faut-il que tu en aies de la galette pour que je te permette de dormir dans ma dentelle... Sale roquet !... Vieux gorille ! (*Elle le secoue*) Réveille toi donc ! (*Gaétan ronfle*) quel sommeil poétique (*Elle le secoue plus fort*). Vieux caïman (*Gaétan ouvre les yeux, avec douceur*). Lève-toi, mon chéri...

GAÉTAN, *mal éveillé*.

Pas encore.

ESTRELLA

Il est l'heure.

GAÉTAN

J'ai le temps. . viens... (*Il l'attire*).

ESTRELLA, *se dégageant*.

Non... allons, pas de blagues. — Je te dis qu'il est l'heure de te lever... tu vas te mettre encore en retard.

GAÉTAN

Donne-moi le chocolat au lit.

ESTRELLA

Eh ! bien, tu n'as pas peur, toi ! Tu ne sais donc pas l'heure qu'il est ?

GAÉTAN

Peu importe... j'ai bien le temps de partir.

ESTRELLA

(*Enlevant les couvertures, le saisit par les jambes et le tire brusquement hors du lit*). Allons, oust ! debout et plus vite que ça.

GAÉTAN, *encore endormi, debout sur le tapis*.

Estrella, ma chérie, tu es bien brutale aujourd'hui avec ton petit Tantan.

ESTRELLA

Il n'y a pas de petit Tantan qui tienne. Avale ton chocolat en 5 sec et décampons sans plus tarder. D'ailleurs, nous n'avons que le temps. *(Elle le pousse sur une chaise, près de la table, le fait asseoir de force et lui met sa tasse sous le nez)*. Allons... eh ! bien, qu'attends-tu ?

GAÉTAN

Laisse-moi respirer.

ESTRELLA

Tu respireras après. *(A part)*. Vieux ramolli, tu es encore vanné d'hier !... *(Lui mettant une cuiller dans la main)*. Allons avale ça... je te dis... Il est 8 heures.

GAÉTAN, *avalant une cuillerée de chocolat*.

Huit heures, tu crois ? *(Poussant un cri)*. Oh ! là ! là !...

ESTRELLA

Qu'est-ce qu'il te prend ?

GAÉTAN

Je me suis échaudé la bouche !

ESTRELLA *(le faisant boire de force)*.

Ça ne fait rien... avale tout de même.

GAÉTAN

Mais je te dis que je me suis brûlé !

ESTRELLA

Justement... il faut avaler une seconde cuillerée pour faire passer la douleur.

GAÉTAN

Tu crois ?

ESTRELLA

Le remède est infaillible.

GAÉTAN.

Je t'assure que ce chocolat est brûlant.

ESTRELLA

T'en occupe pas... Il est 8 heures et la pendule retarde.

GAÉTAN

Ce n'est pas possible qu'il soit cette heure là... ta pendule doit certainement avancer.

ESTRELLA.

S'il est permis d'être entêté à ce point là...

Quand je te dis qu'il est 8 heures, c'est qu'il est 8 heures !

GAÉTAN

Oui... je ne dis pas... mais...

SCÈNE III

Les mêmes, Céleste.

GAÉTAN, *(à Céleste qui entre avec les effets du Vicomte)*.

Quelle heure est-il, Céleste ?

CÉLESTE

8 heures, monsieur.

ESTRELLA

Eh ! bien, es-tu convaincu maintenant ?

GAÉTAN

Oui. *(A Céleste)*. Quelle heure est-il à votre montre ?

CÉLESTE, *après y avoir regardé*.

Elle est arrêtée, monsieur.

GAÉTAN, *à Estrella*.

Et à la tienne ?

ESTRELLA, *nerveuse*.

Le grand ressort est cassé... et à la tienne ?

GAÉTAN

La petite aiguille ne marque plus les heures... Mais ce que j'en dis, tu sais... je m'en rapportais à toi.

ESTRELLA

C'est heureux... Eh ! bien, ce chocolat ?

GAÉTAN

Décidément il est trop chaud.

ESTRELLA

Alors, qu'est-ce que tu attends pour te débarbouiller ?

GAÉTAN

Voilà...voilà...j'ai le temps. *(Il se relève péniblement)*. Oh ! les reins.

ESTRELLA

Tu auras encore pris une mauvaise position

cette nuit. (*A Céleste, qui range au fond.*) Céleste. aide-moi, je te prie.

GAÉTAN

A quoi donc ?

ESTRELLA

A te lever, puisque tu ne peux pas y parvenir tout seul.

GAÉTAN, *vexé*.

Moi ? ah ! par exemple... (*Il veut marcher*). Ah ! la jambe !

ESTRELLA

Là... vous voyez.. qu'est-ce que je disais ? (*Elle le prend par un bras. Céleste par l'autre et toutes deux le poussent devant la toilette.*) Allons débarbouille toi et au trot !

GAÉTAN, *protestant*.

Mais...

ESTRELLA

Pas d'observation !... (*Elle lui tient la tête pendant que Céleste le savonne avec la serviette.*)

GAÉTAN

Pas si fort... vous me faites mal.

ESTRELLA

Crie donc pas... Sale bête !

CÉLESTE, *l'essuyant avec la serviette*. C'est fini. monsieur.

GAÉTAN, *soupirant*.

Tant mieux.

ESTRELLA

Maintenant. habille toi. (*A Céleste.*) Les effets de monsieur ?

CÉLESTE

Voilà. madame. (*Elle les lui passe.*)

ESTRELLA. *faisant asseoir Gaétan*. Les bottines d'abord... (*Elle le chausse.*)

GAÉTAN

Doucement... j'ai des cors...

ESTRELLA

Ça va bien...

GAÉTAN

Alors, tu crois qu'il est 8 heures?

ESTRELLA

Quel crampon ! (*A ce moment la pendule de la chambre sonne sept heures.*) Tiens, entend plutôt !

GAÉTAN. *comptant*.

Une, 2, 3, 4, 5, 6, 7... tu vois bien qu'il n'est que 7 heures.

ESTRELLA

Tu auras mal compté.

GAÉTAN

Je t'assure que non. (*Comme il achève ces mots, Céleste frappe un coup sur le timbre, qui se trouve sur la cheminée.*)

ESTRELLA. *joyeuse. A part*.

Sauvée ! (*Haut*). Tu vois bien méfiant, 7 et un... huit.

GAÉTAN, *convaincu, enfilant son pantalon*. 7 et un 8... en effet...

ESTRELLA

Il est heureux que tu en conviennes. (*Bas à Céleste qui est redescendu près du groupe*). Merci.

CÉLESTE. *même jeu*

On connaît son service.

(ESTRELLA. (*A Gaétan qui rôde devant la toilette*).

Qu'est-ce que tu cherches ?

GAÉTAN

Un peigne.

ESTRELLA

C'est inutile, d'ailleurs, tu n'as pas le temps.

CÉLESTE

Je vais donner un coup de brosse à Monsieur (*Elle prend une brosse sur la toilette et houspille le crâne chauve de Gaétan.*)

GAÉTAN

Mais tu me défrises Céleste. (*A Estrella, qui lui passe son gilet*). Mais tu me chatouilles. Estrella.

ESTRELLA

T'en occupe pas... Allons, le veston maintenant. (*Dans sa précipitation elle lui passe
une manche pour l'autre. Jeu de scène*). Ton
chapeau... où est ton chapeau ?

GAÉTAN. *qui l'a posé sur sa tête, sans s'en
apercevoir.*

Je ne sais pas. moi.

CÉLESTE

Monsieur est pourtant venu coiffé.

ESTRELLA

Ça j'en suis sûre.

GAÉTAN

Je l'avais pourtant posé sur le guéridon.

ESTRELLA

Tête de linotte, va... il l'a sur la tête et il
ne le dit pas.

GAÉTAN, *surpris.*

Sur ma tête? C'est ma foi vrai.

ESTRELLA

Tout cela pour nous mettre en retard.

GAÉTAN

Ma parole... on dirait que tu as hâte de me
voir partir.

ESTRELLA

Ce que j'en dis... c'est pour vous. . Si vous
préférez que votre femme s'aperçoive que vous
découchez tous les soirs..!

GAÉTAN, *vivement.*

Non... non... tu as raison, ma chérie : il est
plus prudent que je m'en aille... *(à part)*. Elle
s'en donne un mal pour moi.,. faut-il qu'elle
m'aime, mon Dieu !

CÉLESTE

Quelle robe mettra madame ?

ESTRELLA

Aucune. Je vais simplement jeter ce manteau
sur mon peignoir, ce sera plus vite fait. (*Elle
met son manteau*) Ah ! mon chapeau. (*Céleste
lui tend son chapeau qu'elle ajuste à la hâte*).
J'y suis, filons.

GAÉTAN, *qui cherche sur la cheminée*

Mais... je ne trouve pas ma cravate.

ESTRELLA

Pas besoin... allons viens.

GAÉTAN

Mais pourtant...

ESTRELLA

Il n'y a pas de pourtant. (*Le poussant vers
la porte de gauche*). Allons, oust :...

GAÉTAN

Ma cravate... je ne peux pourtant pas ren-
trez chez moi sans ma cravate.

ESTRELLA, *le poussant dehors.*

Mais, va donc, vieux fourneau. (*Bas à Céleste*). Il doit venir un monsieur beau et distingué, fais-le patienter. je reviens de suite.

GAÉTAN, *revenant.*

Si l'on retrouvait ma cravate...

ESTRELLA, *le bousculant.*

Mais sors donc... vieille andouille !

(Ils sortent).

SCÈNE IV

Céleste, seule, riant.

Oh ! là ! là ! quelle usine... Y a pas moyen
de s'embêter ici... La place est bonne, on a
de petits profits et ce que l'on rigole par mo-
ments... Ah ! voyons, maintenant que les oi-
seaux sont envolés, il s'agit de mettre un peu
d'ordre dans la cage. Quel fouillis !... Je vais
d'abord retaper le plumard... comme dit madame. Elle est très distinguée madame... elle
ne parle pas comme tout le monde *(On sonne)*.
Tiens, qui peut venir à pareille heure ? *(on re-
sonne)* voilà ! voilà ! *(Elle recouvre le lit)*. Ah !
que je suis bête : c'est le monsieur distingué,
que madame attend. *(autres coups de sonnette)*.
On y va ! *(Elle va ouvrir)*.

SCÈNE V

Céleste — Julot

CÉLESTE. *entrant et s'effaçant.*

Entrez Monsieur.

JULOT

(Costume complet de lutteur de place publique. Chapeau mou, crasseux ; vaste pardessus passé de mode et de couleur, cachant en partie son accoutrement. Visage bourgeonné, moustache en brosse, cheveux coupés ras : l'air dur et la démarche crapuleuse. Tendant à Céleste une carte qu'il tient du bout des doigts.)
Voilà !...

CÉLESTE, *interloquée.*

Monsieur désire ?

JULOT, *bourru.*

Lis ça, quoi !

CÉLESTE, *lisant la teneur de la carte.*

« Je vous attends demain chez moi, à 10 heures. Ta bouche et ton maillot ; Estrella (*à Julot*) Ah ! monsieur est attendu ?

JULOT

Probable ! (*Il déboutonne son pardessus, ôte son couvre-chef, ses bottines et avisant les pantoufles du vicomte, il les chausse aussitôt. Il va d'abord à la toilette, s'imbibe d'eau de senteur, se donne un coup de brosse aux cheveux, puis toujours sans gêne comme sans ostentation, il se dirige vers la cheminée, découvre un paquet de cigarettes, le prend ainsi qu'une boîte d'allumettes qui se trouve à côté : Ceci fait, il s'écroule comme une masse sur le canapé, s'y vautre tout de son long et allume tranquillement une cigarette, qu'il fume en lisant un journal qu'il a pris sur le guéridon.*)

CÉLESTE, *ébahie*

Eh ! bien, en voilà un qui ne se gêne pas, (*haut*) Alors, c'est monsieur que madame attend ?

JULOT

Je suppose... (*Désignant la carte qu'elle tient toujours à la main.*) Tu sais lire ?

CÉLESTE

Oui... mais...

JULOT

Alors, c'est clair... A moins que tu aies de la mélasse dans les yeux.

CÉLESTE

Et monsieur va rester là ?

JULOT

Ça t'embête ?

CÉLESTE

Moi ? Ma foi, non... du moment que madame attend monsieur... (*A part*). c'est ça le monsieur beau et distingué ?... Hé bien, elle a du goût, madame.

JULOT, *comme Céleste le dévisage.*

Qu'est-ce que t'as à me rechâsser comme ça ?

CÉLESTE

Plaît-il ?

JULOT

Qu'est-ce que t'as à me z'yeuter, quoi si t'aime mieux... Tu comprends donc pas le français ?

CÉLESTE

A vous regarder vous voulez dire... ma foi... j'aime autant vous l'avouer ; c'est que madame m'avait annoncé un monsieur beau et distingué...

JULOT

Eh ! bien ? J'crois que le signalement est exact (*Il crache par terre*). D'ailleurs nous sommes tous comme ça à Montélimar.

CÉLESTE, *intéressée.*

Monsieur est de Montélimar.

JULOT

Un peu qu'on en est.

CÉLESTE, *le considérant attentivement.*

Mais alors... voyons... je ne me trompe pas... le petit nom de monsieur.

JULOT, *à part*

Elle veut savoir mon petit nom... y a pas... à dire... j'les tombe toutes... (*Haut*). Julot.

CÉLESTE

Julot ? (*Poussant un cri*), Ah ! (*Elle s'évanouit*.

JULOT

Allons, bon... v'là la môme qui tourne de l'œil (*Il s'est levé et l'a assise sur une chaise*. Eh ! bien !... de quoi... on s'évanouille à c't' heure... (*Il lui tape dans les mains*).

CÉLESTE, *ouvrant les yeux.*

Ah ... c'est toi ! ...

JULOT, *abasourdi.*

Oui... c'est moi... après ?...

CÉLESTE, *se levant.*

Tu ne me reconnais donc pas ?

JULOT

On en voit tant...

CÉLESTE

Voyons... Céleste... ta petite Céleste... la fille à Billanlon...

JULOT

Hein, quoi t'es la Billanlon... ah ! mince alors, quelle rencontre.

CÉLESTE

Tu te rappelles maintenant... à la foire quand venaient les lutteurs... tu les tombais tous.

JULOT, *se posant.*

Y a pas que les lutteurs que je tombais.

CÉLESTE, *baissant les yeux.*

Méchant !... vous m'aviez prise dans vos filets... Je n'ai pas pu te résister... tu étais si beau !

JULOT, *avec fatuité.*

J'ai pas changé. C'est pas d'ma faute... c'est la nature.

CÉLESTE

Et tu ne t'es jamais inquiété de savoir ce que j'étais devenue ?

JULOT

Le monde est trop grand... j'ai pas eu la patience.

CÉLESTE

Et toi, qu'as-tu fait pendant tout ce temps-là ?

JULOT

J'ai voyagé. Le souvenir de mes anciens succès de lutte m'a donné l'idée de m'y consacrer : je me suis fait professionnel.

CÉLESTE

T'es professeur ? Il est professeur ! Ah ! tiens... je sens que je t'aime encore davantage *(Elle l'embrasse).*

JULOT, *à part.*

Oh ! la ! la ! Mince d'amour !... Eh ! bien, j'ai eu le flair, moi, de venir ici. Elle va me gêner la petite... *(Haut).* Alors comme ça, t'es la bonne de la mouquère ?

CÉLESTE

Oui. je suis bonne... mais, pour toi je serai plus bonne encore. *(Elle l'embrasse).* Embrasse-moi donc !

JULOT

Si tu veux. *(Il l'embrasse).*

CÉLESTE

Oh ! mon Julot... mon petit Julot chéri !... ma crotte aimée !...

JULOT, *s'animant.*

Ma petite Céleste ! *(A part).* V'là que ça me gagne moi... aussi. c'est-y bête !

CÉLESTE

Et tu viens pour ?

JULOT

Oui. J'avais rendez-vous... alors j'm'annonce... J'pouvais pas refuser... une si jolie gonzesse ! Ah ! elle est gironde ta bourgeoise.

CÉLESTE, *câline.*

Et moi ?

JULOT

Toi c'est pas la même chose. Je te connais depuis longtemps. C'est à l'œil... alors tu comprends l'travail va si mal !... Au lieu que ta maîtresse. j'connais l'aventure : Y a sûrement quelques bleus à la clef... çà vaut la peine de se déranger.

CÉLESTE

Alors t'aime donc çà, le commerce ?

JULOT

J'étais né pour ça !

CÉLESTE

Mais pourquoi es-tu venu en maillot ?

JULOT

C'est la bergère qui l'a voulu ainsi... Paraît que ça y donne des idées.

CÉLESTE, *le regardant dans les yeux.*

J'comprends... C'es beau, tu sais !

JULOT

On me l'a tellement dit que ça ne me surprend plus.

CÉLESTE

Tu dois avoir soif.

JULOT

J'ai la pipi.

CÉLESTE

Alors, suis-moi... dans la cuisine.

JULOT, *revenant.*

Et mes fringues.

CÉLESTE

Quoi ?

JULOT

Mes nippes, quoi. Si la môme arrivait... J'veux pas qu'elle les cueille ici... elle serait capable d'me les chiffonner. *(Il prend son chapeau et ses bottines et sort par la porte de droite.)* J'crève de soif... une bleue... alors ?

CÉLESTE, *le poussant amoureusement.*

Tout ce que tu voudras... mon chéri.

(Ils sortent).

SCÈNE VI

Estrella, *rentrant.*

Ouf ! Enfin seule !... Seule en effet... où est donc Céleste ? *(appelant)* Céleste ! Elle est en course probablement. *(Elle ôte son manteau et son chapeau.)* Voyons, ce n'est pas tout cela... préparons-nous à recevoir dignement l'objet de mes soupirs. *(Elle va au petit guéridon du fond, y prend une bouteille et deux verres qu'elle dispose sur le guéridon du milieu.)* Un petit apéritif me semble tout indiqué pour entamer la conversation... Je suis d'une impatience. Voyons, suis-je bien ? *(Elle va à sa toilette et se pomponne.)* J'ai le sang à la peau... Ah ! Julot, mon ami, dans quel état me mettez... Mais que fait donc Céleste. *(Elle va à la porte de droite.)* Tiens, la porte est fermée... c'est bizarre... *(appelant).* Céleste ? Qu'est-ce que cela veut dire.

SCÈNE VII

Estrella — Céleste.

CÉLESTE, *apparaissant.*

Madame m'a appelé ?

ESTRELLA

Il y a un moment que je vous appelle. Comment se fait-il que vous vous enfermiez ? Il y a donc quelqu'un dans votre chambre ?

CÉLESTE

Oh ! non, madame. *(à part).* J'ai fait filer Julot par l'escalier de service. *(Haut).* Si madame veut se rendre compte.

ESTRELLA

Il suffit. Vous avez reçu quelqu'un chez vous pendant mon absence.

CÉLESTE

Je vous jure, madame...

ESTRELLA.

Ne jurez pas... je vois cela à votre mine : vous êtes rouge comme une langouste qui sort de cuisson.

CÉLESTE

Mais...

ESTRELLA

Pas un mot ou je vous congédie. Vos nuits ne vous suffisent donc plus ? On croirait, ma parole, que vous avez de mauvais exemples sous les yeux. Enlevez ces verres.

CÉLESTE

Bien, madame.

ESTRELLA

Non, laissez-les.

CÉLESTE

Bien, madame. *(à part).* Elle est maboule.

(On sonne).

ESTRELLA

On sonne... allez ouvrir. *(à part)*. C'est lui, je le sens aux battements précipités de mon cœur.

SCÈNE VIII

Les mêmes — Julot.

CÉLESTE, *introduisant Julot*

Entrez, monsieur.

ESTRELLA, *à part.*

C'est lui ! *(Haut)*. Ah ! que c'est bien à vous d'être venu au rendez-vous que je vous avais donné... peut-être à la légère... mais vous m'excuserez quand vous saurez que je n'ai pu résister à vos charmes et à votre audacieux sourire... vous êtes si beau !

JULOT, *vanné*

(A part). Elle s'y connaît. *(Haut)*. Alors, comme ça, je vous botte ?

ESTRELLA

Plaît-il ?

JULOT

Vous en pincez quoi.

ESTRELLA, *à part.*

J'en pince... quel doux langage ! *(Haut)*. C'est à dire que depuis le jour où la fatalité m'a conduite dans ce Music-Hall où vous tombiez tous les soirs vos adversaires, je n'ai plus souhaité qu'une chose : vous voir, vous parler, me frôler comme une chatte amoureuse, entre vos bras muselés... tiens, tu me rends folle ! *(Elle l'embrasse amoureusement)*.

JULOT

Tu peux y aller, va : j'suis incassable.

CÉLESTE, *à part.*

Comme les bébés Jumeaux !

ESTRELLA, *se retournant.*

Qu'est-ce que vous faites là, Céleste ?

CÉLESTE

Mon Dieu, madame, j'avais peur d'une crise... alors...

ESTRELLA, *se levant.*

Malhonnête, laissez-nous. *(Céleste sort)*.

SCÈNE IX

Estrella — Julot.

ESTRELLA, *revenant à Julot.*

Lève toi bel Adonis

JULOT, *(cherchant partout du regard)*. Après qui qu'elle en a ?

ESTRELLA,

Tu ne veux pas ?

JULOT

Quoi ?

ESTRELLA

Te lever.

JULOT

C'est donc à moi que vous parliez?

ESTRELLA

Sans doute.

JULOT

J'm'appelle pas Adonis... j'm'appelle Julot. *(Il se lève)*.

ESTRELLA

Enlève donc ton pardessus.

JULOT

Ah ! il faut... *(A part)*. Elle est loufoque c'te môme là. *(Il ôte son pardessus)*.

ESTRELLA, *l'admirant.*

Quelle belle prestance ! *(Julot après quelques pirouettes, prend une pose athlétique, qu'il souligne comiquement d'une grimace)*. Quel gracieux sourire... tourne-toi.

JULOT

Pourquoi ?

ESTRELLA

Je veux t'admirer sur toutes les faces.

JULOT, *à part.*

Décidément, elle est marteau... je regrette d'être venu.

ESTRELLA

Quel torse puissant... Une femme ne doit pas peser lourd entre tes mains.

JULOT

Ça dépend du poids.

ESTRELLA

Assieds-toi là...près de moi... sur ce canapé. *(Elle lui presse le bras).* Quel biceps ! *(Elle lui tate le mollet).* Quel mollet musclé ! Laisse-moi te regarder en face *(l'embrassant).* T'as une jolie petite gueugueule, tu sais... Pour sûr qu'une femme ne doit pas s'embêter avec toi.

JULOT

Il y a des jours...

ESTRELLA

Et des nuits... *(Elle met sa jambe sur les genoux de Julot).* On a du te le dire souvent hein ?

JULOT

Vous dites ?

ESTRELLA, *caline.*

Dis moi tu... je le veux... tu entends ?

JULOT

Si tu veux... moi j'suis pas dur !

ESTRELLA

Tu blagues... j'te crois pas,

JULOT, *allumé.*

Si fait, tu peux me croire... Voyons quand on voit des mirettes comme v'là celle que v'là... faudrait être de bois, alors !

ESTRELLA

Et tu n'es pas en bois...

JULOT

Non... Mais j'boirais bien quelque chose.

ESTRELLA, *s'approchant de la table,*

Que ne le disais-tu ? J'ai là tout ce qu'il faut... un madère extra.

JULOT

J'aurais mieux aimé une bleue.

ESTRELLA

Une bleue ?

JULOT, *assis à la table.*

Eh ! oui, une bleue... une verte... un perroquet... un pernod, quoi... *(A part).* Oh ! là ! là ! où donc qu'ils ont été à l'école tous ces gens-là !

ESTRELLA, *servant.*

Bois, mon chéri et à nos amours.

JULOT, *qui a bu.*

Pouah !... *(Il crache sur le tapis).* Quelle saleté !

ESTRELLA

Tu le trouves mauvais ?

JULOT

C'est sucré c'truc là ! ça vous empâte la bouche !

ESTRELLA

T'es bébête *(Un temps).* Alors, tu ne m'en veux pas trop ?

JULOT

De quoi... du madère ?

ESTRELLA

Non, de t'avoir fait parvenir cette carte.

JULOT

Ça se fait tous les jours... à propos qu'est-ce que j'en ai fait...?

ESTRELLA

Tu as perdu quelque chose ?

JULOT

La carte.

ESTRELLA

Et moi, j'ai perdu la tête... mais peu importe... je ne regrette rien...

JULOT, *à part.*

Moi je regrette d'être venu... quelle chauffeuse !

ESTRELLA

Et toi, es-tu content de te trouver là près de

moi... de sentir les battements de mon cœur ingénu.

JULOT, *à part.*

J'te vas jeter un confetti !...

ESTRELLA

Tu peux me croire. Je n'ai jamais aimé.

JULOT

Eh ! bien, alors, qu'est-ce que tu fais ?

ESTRELLA

Je m'ennuie.

JULOT

Alors, tu m'as fait venir pour te distraire ?

ESTRELLA

Je t'ai fait venir... pour te couvrir de baisers !. *(Elle l'embrasse).*

JULOT, *se dégageant.*

Tu trouves pas qu'il fait chaud.

ESTRELLA

C'est le feu de mon âme qui s'embrase à ton contact.

JULOT

Vas pas me brûler... hein !...

ESTRELLA

Comme tu es froid avec moi... je ne te dis donc rien.

JULOT

Au contraire... tu causes tout le temps. Seulement, vois-tu, j'suis pas en train, on a des jours, pas vrai ?

ESTRELLA

Oui, je sais : tu dépenses toute ta force à ton travail.

JULOT

A mon travail ? oui... oui... c'est ça.

ESTRELLA

Et tu as beaucoup travaillé hier ?

JULOT, *s'oubliant.*

Non, pas hier... tout à l'heure.

ESTRELLA

Tout à l'heure... une répétition alors ?

JULOT, *embarrassé.*

C'est ça... une répétition. *(A part)*, j'peux pourtant pas compromettre Céleste ! J'donnerais bien une thune pour me tirer de là avec honneur.

ESTRELLA, *câline.*

Eh ! bien, repose toi mon chéri... nous avons tout le temps. D'ailleurs, vois-tu, mon amour n'est pas comme les autres, la conséquence d'un désir charnel... non. Je suis heureuse d'être auprès de toi... de te caresser... Embrasse-moi ! *(Il l'embrasse)*. C'est bon, vois-tu, de se sentir aimée, car je suis sûre que ton cœur ne saura résister à mon amour ; et le mien vois-tu : c'est la rivière qui sort de son lit, c'est le torrent qui se précipite sur la roche bouillonnante, c'est le feu qui vous dévore et vous consume, c'est...

SCÈNE X

Les mêmes — Céleste.

CÉLESTE, *ouvrant la porte brusquement.*

Monsieur le vicomte !

ESTRELLA, *sursautant.*

Je suis perdue !

JULOT, *avec un soupir de soulagement. A part.*

Je suis sauvé ! Il était temps, sans ça... on est un homme ou on ne l'est pas !

ESTRELLA

Comment faire ? Si Gaétan te trouve ici, je suis perdue... Cache-toi !...

JULOT

Où ça ?

CÉLESTE

Ne vous tourmentez pas, madame, je saurai bien où le caser. *(A Julot)*. Suivez-moi...

ESTRELLA

Céleste, tu me sauves, je t'augmenterai à la fin du mois.

CÉLESTE

Madame connaît mon dévouement.

JULOT, *bas à Céleste.*

Oùs que tu m'emmènes ?

CÉLESTE, *le poussant vers la droite, même jeu.*

Graad bêta !... Dans ma chambre, parbleu.

JULOT

Encore !... oh ! là ! là ! Quelle journée !...

(Ils sortent)

ESTRELLA

Comment se fait-il que Gaétan revienne déjà ? N'ayons l'air de rien.

(Elle s'assied.)

SCÈNE XI

Estrella — Gaétan.

On frappe à la porte de gauche.

ESTRELLA

Qui est là ?

GAÉTAN, *au dehors.*

Ouvre. C'est moi, Gaétan.

ESTRELLA, *ouvrant.*

Comment, c'est toi ? par quel hasard ?

GAÉTAN

Quelle heureuse surprise, hein ? Figure-toi que j'arrive à la maison et que j'y trouve une dépêche de ma femme m'annonçant son arrivée pour demain soir seulement. Voyant ça je me suis dit « tu n'as plus qu'une chose à faire, c'est de retourner bien vite près de ta petite Estrella qui doit bien s'ennuyer loin de toi » et me voilà. Es-tu contente ?

ESTRELLA

Je te crois ! J'étais toute triste depuis ton départ.

GAÉTAN, *à part.*

Pauvre mignonne, comme elle m'aime (*Haut*). Allons plus de chagrin, maintenant que je suis là. (*Il commence à se déshabiller*).

ESTRELLA

Hé bien, que fais-tu ?

GAÉTAN

Je me déshabille, pour me coucher.

ESTRELLA, *envieuse.*

Tu vas te mettre au lit ?

GAÉTAN

Sans doute. Je n'ai pas dormi mon compte, tu m'as réveillé plus tôt qu'à l'ordinaire.

ESTRELLA

C'était l'heure.

GAÉTAN, *en caleçon.*

A propos, non ce n'était pas l'heure. Ta pendule avance de près d'une heure...j'ai le temps de me reposer un peu près de toi...

ESTRELLA

Je n'ai pas sommeil.

GAÉTAN, *lui prenant la taille.*

Eh ! bien, tu ne dormiras pas... mais je veux te sentir près de moi... tu veilleras sur mon sommeil... tu seras mon ange gardien. (*Il l'embrasse et se dirige vers le lit.*)

ESTRELLA, *à part.*

Quel crampon !... Et Julot qui est avec Céleste... j'enrage... Je ne sais ce qui me retient de jeter ce vieux satyre à la porte.

GAÉTAN, *qui se met au lit.*

Je me mets au lit.

ESTRELLA

Oui... oui... c'est ça.

GAÉTAN

Je t'attends.

ESTRELLA, *impatientée.*

Oui... oui...

GAÉTAN, *passant la tête.*

Déshabille toi...

ESTRELLA, *frappant du pied*

Oui... oui... oui...

GAÉTAN

Elle est charmante... j'en fais ce que je veux.

ESTRELLA

Il n'y a pas... il faut que je me couche *(montrant le lit)*. Tête de pipe, va. Allons, avalons le calice jusqu'à la lie. *(Elle disparaît dans l'alcôve. On entend déjà ronfler Gaétan).*

SCÈNE XII

Gaétan, Estrella, *couchés,* **Julot.**

JULOT, *entrant sans bruit.*

J'viens chercher mes fringues et déguerpir en douceur... j'veux plus rien savoir!... *(Il tombe anéanti sur un fauteuil).* Ah! j'en ai eu du flair de venir ici... Cette Céleste... quelle gaillarde! *(se levant).* C'est pas tout ça, il s'agit de ne pas moisir ici... j'en ai soupé moi d'la boîte! ousque sont mes habits? *(Il cherche).*

ESTRELLA, *paraissant.*

Je ne me trompe pas... on marche...
Julot! *Elle se lève et lui saute au cou.* C'est toi, mon chéri.

JULOT, *à part.*

Hein! Encore!... Ah! la barbe!...

ESTRELLA

Tu t'impatientais, mon amour et tu es venu voir ce que je faisais... Tu vois, je t'attends toujours.

JULOT

Ah! pas de blagues! Et le vieux?

ESTRELLA

Il dort à poingt fermés... ne crains rien... viens là... près de moi. *(Elle l'entraîne vers le canapé et soudain s'apercevant que sa trousse est à l'envers).* Toi tu t'es deshabillé ici!

JULOT

Moi?

ESTRELLA

Oui, toi, ton maillot est à l'envers.

JULOT. *à part.*

Ah! malheur! je me suis trompé de face.

ESTRELLA

Eh! bien, qu'as-tu à répondre!

JULOT

C'est vrai... mais c'est de ta faute, aussi.

ESTRELLA

Comment cela?

JULOT

Fallait pas m'envoyer avec Céleste.

ESTRELLA, *se levant furieuse.*

Ah! c'est Céleste qui... la gueuse!

SCÈNE XIII

Les mêmes — Céleste.

CÉLESTE, *sur la porte.*

Madame m'en veut?

ESTRELLA, *furieuse.*

Si je t'en veux... je te chasse!

CÉLESTE, *entrant.*

C'est de la faute à madame.

ESTRELLA

De ma faute?

CÉLESTE. *baissant les yeux.*

Sans doute, madame m'avait dit de faire patienter monsieur.

ESTRELLA

C'est honteux!

CÉLESTE

Non, madame. c'est logique. Julot est un ancien ami à moi. Nous nous sommes connus au pays... Je l'avais perdu de vue depuis longtemps et ma foi, le retrouvant ici plus beau que jamais... *(Julot se redresse).*

ESTRELLA

Malheureusement!

CÉLESTE, *sanglotant.*

J'ai cru bien faire... je ne croyais pas déplaire à madame.

SCÈNE XIV.

Les mêmes — Gaétan.

GAÉTAN, *ouvrant les rideaux de l'alcôve.*

Que se passe-t-il donc ?

JULOT, *à part.*

Le vieux... ça va se gâter.

ESTRELLA

Il se passe une chose monstrueuse... épouvantable.

GAÉTAN, *apparaissant.*

Qu'est-ce que c'est que ça ? un cambrioleur ?

JULOT

Dites donc, vous, vieux débris, faites donc attention à vos paroles.

GAÉTAN

Vieux débris ? il m'a appelé vieux débris, moi, le vicomte Gaétan des Tripettes.

ESTRELLA

Rassurez-vous, monsieur, n'est pas un cambrioleur ordinaire... c'est un cambrioleur d'amour.

GAÉTAN

Je ne connais pas cette profession.

ESTRELLA

J'ai surpris monsieur en conversation criminelle avec Céleste.

GAÉTAN, *descendant.*

Quelle horreur !

ESTRELLA

Le mot n'est pas trop fort pour qualifier un pareil scandale.

GAÉTAN

Dans une maison si calme et si bien fréquentée.

ESTRELLA

Aussi, je congédie. Céleste sur le champ.

JULOT, *impatienté.*

Ah ! tu commences à nous raser. toi et ton vieux.

GAÉTAN, *à Estrella.*

Il te tutoie ?

ESTRELLA, *vivement.*

C'est l'habitude dans ce métier là !...

GAÉTAN

Dans quel métier ? (*Examinant Julot de plus près.*)
Mais je ne me trompe pas. c'est Julot, le fameux Julot, le champion de luttes du Casino. que nous avons applaudi hier soir.

(*Il lui tend la main*).

JULOT, *la lui broyant dans les siennes.*

Lui-même, mon vieux cochon.

GAÉTAN, *alors.*

Ce qu'il est drôle.., aïe... quelle poigne.

ESTRELLA. *dépitée.*

Très drôle... très drôle... (*bas à Julot.*) Je t'attends demain.

JULOT, *à part.*

Voyez lapin !

GAÉTAN

Mais, voyons, puisque vous êtes pays et que vous avez commencé à renouer connaissance. je ne vois pas d'inconvénient à ce que vous causiez un peu plus longuement... Allez tous deux dans la cuisine, mes enfants ; depuis si longtemps que vous ne vous êtes pas vus vous devez certainement en avoir gros à vous dire... (*à Estrella*). qu'en penses-tu ?

ESTRELLA

Fais donc ce que tu voudras. *à part*), il me bassine à la fin ce pierrot-là !

GAÉTAN

On ne sait qu'imaginer pour lui être agréable à cette femme là. Allez mes amis, allez causer et laissez-nous.

CÉLESTE

Oh ! chouette !

JULOT

Merci, mon vieux 1815 ! (*Il lui tend la main que Gaétan refuse*).

GAÉTAN

Merci... assez de serrement... du jeu de paume... de la main. (*Il se dirige vers le lit*).

JULOT, *riant.*

Il est bath, c'vieux fourneau-là !

CÉLESTE

Pas si bath que toi, mon Julot. Allons profitons de la permission... viens...

JULOT

Où ça ?

CÉLESTE, *le poussant à droite.*

Tu le demandes... dans ma chambre parbleu... où veux-tu que ce soit ?

JULOT, *en sortant.*

Encore ! Quelle journée... bon Dieu, quelle journée !...

(*Ils sortent*).

SCÈNE XV.

Gaétan — Estrella.

la voix de GAÉTAN, *qui s'est recouché.*

Estrella !... tu viens, ma chérie ?

ESTRELLA

Oui... oui... voilà... C'est égal, pour la première fois que je veux aimer un homme pour lui-même, m'offrir un petit extra, ça me réussit bien.

GAÉTAN, *à demi endormi.*

...Estrella... tu viens, mon amour adoré... je t'attends, tu sais...

ESTRELLA, *impatientée.*

Oui, crampon, oui. (*disparaissant derrière les rideaux de l'alcôve*). Allons, quand on n'a pas ce que l'on aime, il faut aimer ce que l'on a... * (*avec mépris*). Quel sale métier... il y a trop de déboires !...

GAÉTAN, *à mi-voix*

Tu viens... mignonne...

Voilà.

GAÉTAN, *derrière les rideaux.*

Tu m'aimes ?

ESTRELLA, *même jeu.*

Tu en doutes ? Eh ! bien, alors, qu'est-ce qu'il te faut !...

(*Bruit des baisers*)

JULOT, *entrant de droite.*

Professionnel de luttes, je suis bien allé quelquefois au tapis, mais par exemple jamais comme aujourd'hui, je ne m'étais vu aussi souvent sur le dos. (*Il sort discrètement par le fond*).

RIDEAU

---

* à Paris le rideau tombe sur cette phrase là.

PETITE IMPRIMERIE VENDÉENNE. — LA ROCHE-SUR-YON.

ENVOI GRATUIT DE BROCHURES

A tout Directeur ou Régisseur qui en fera directement la demande

à M. Albert Mirabaud

21, RUE DE SÈVRES — PARIS